I0395531

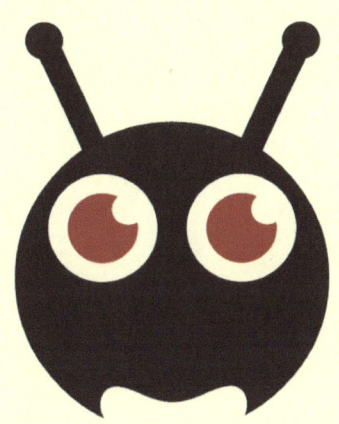

ALPHABET

BCR FEGAN

© 2020

a

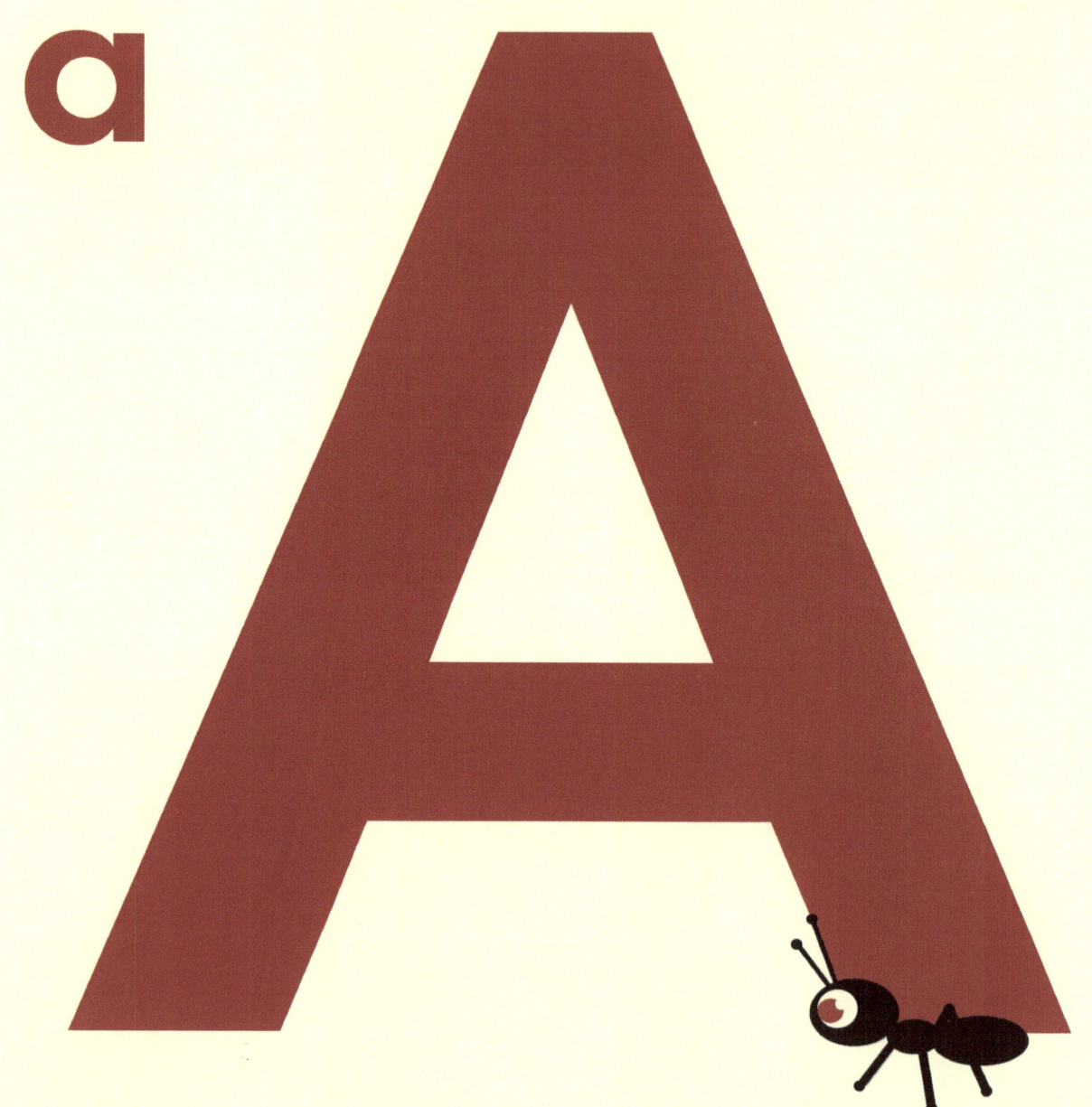

b B

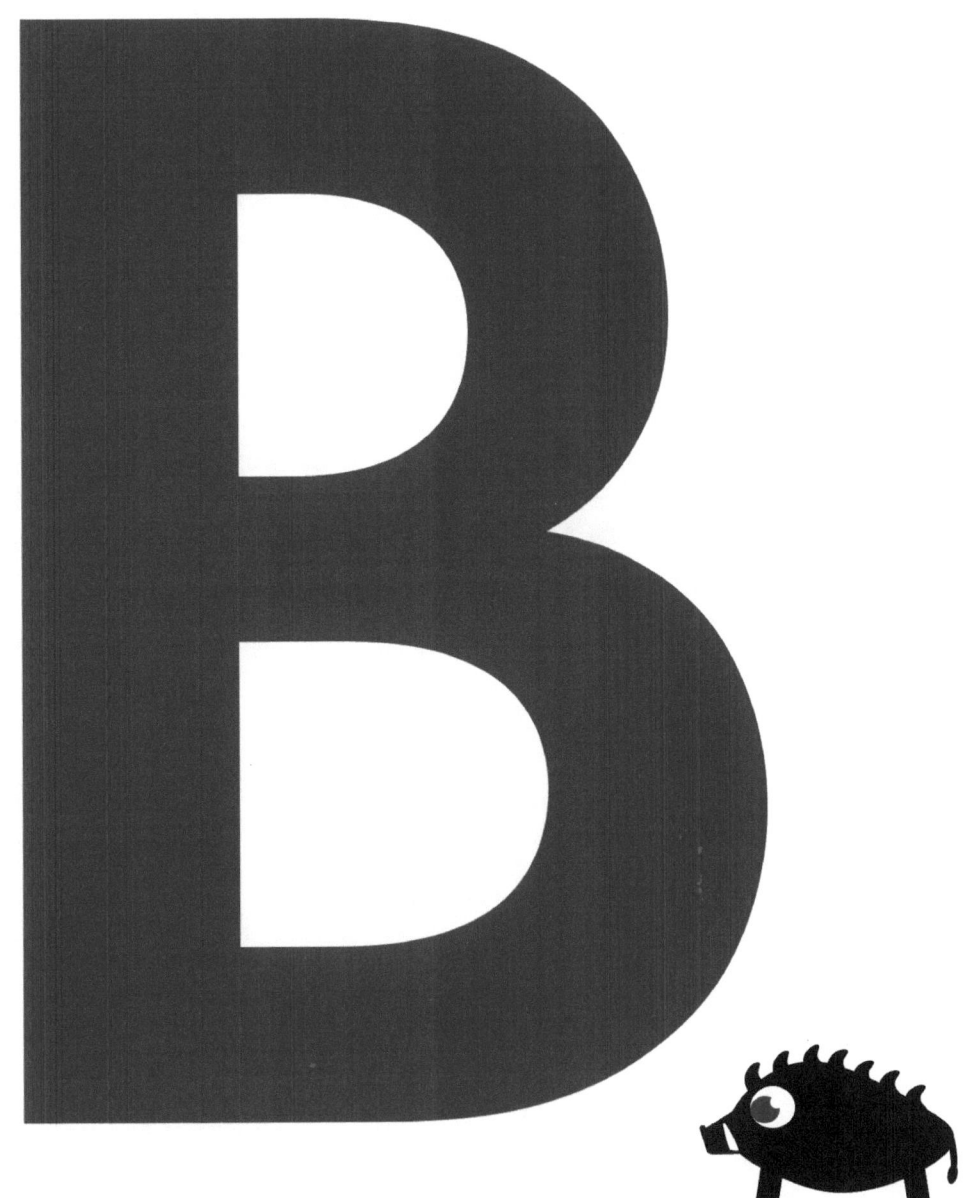

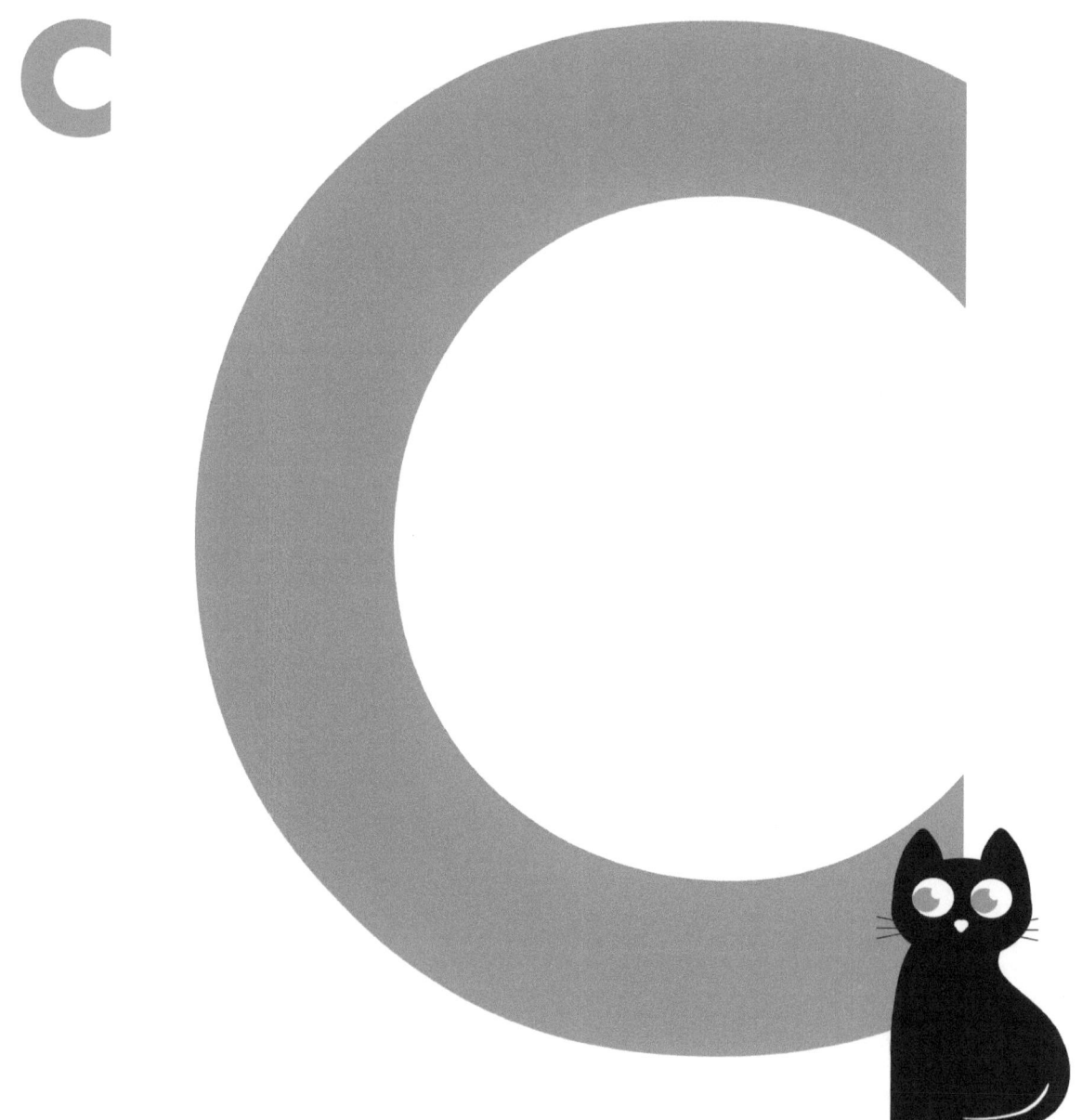

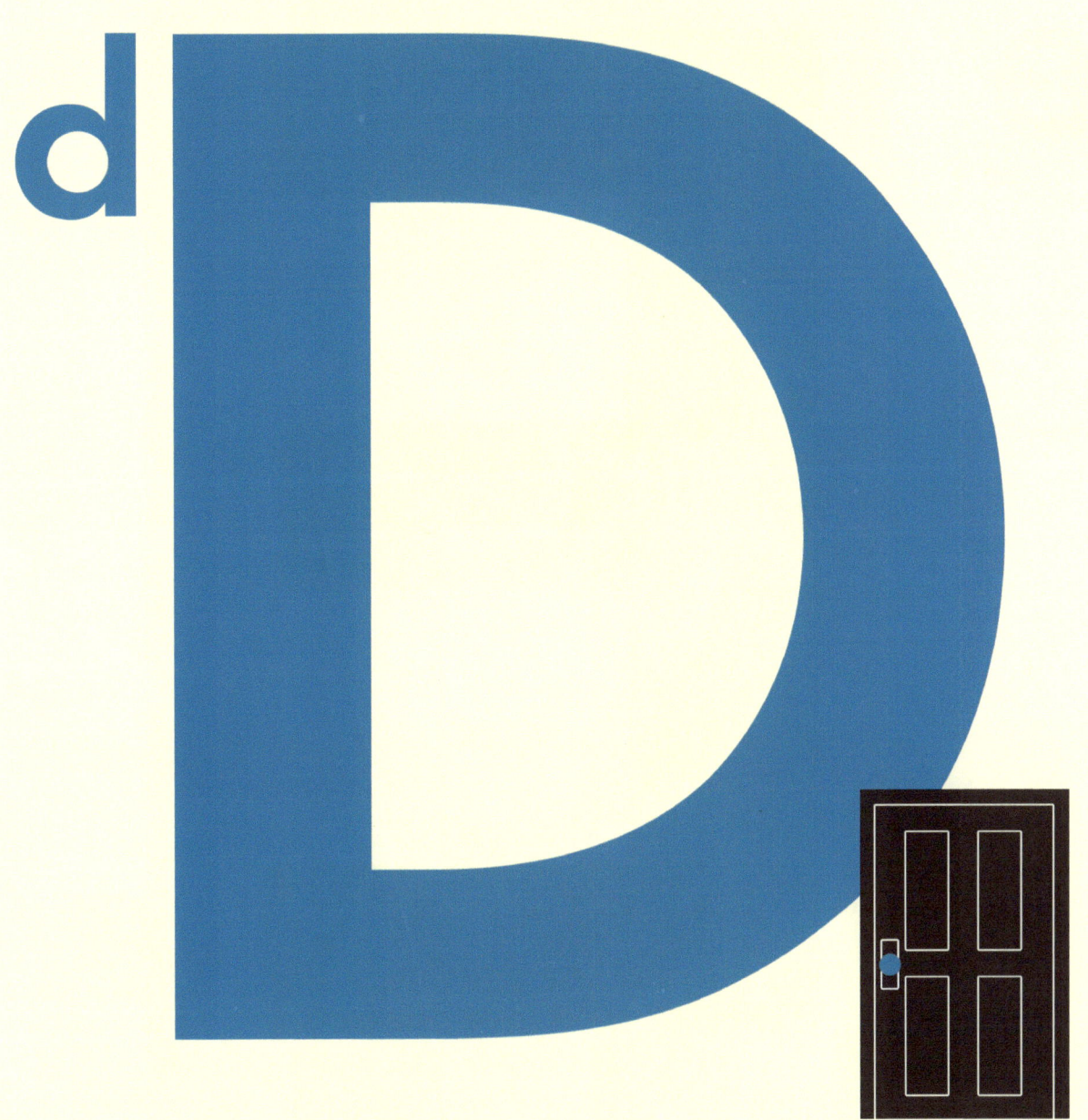

e E

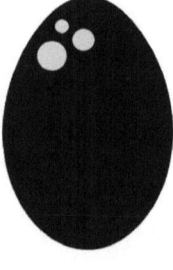

f F

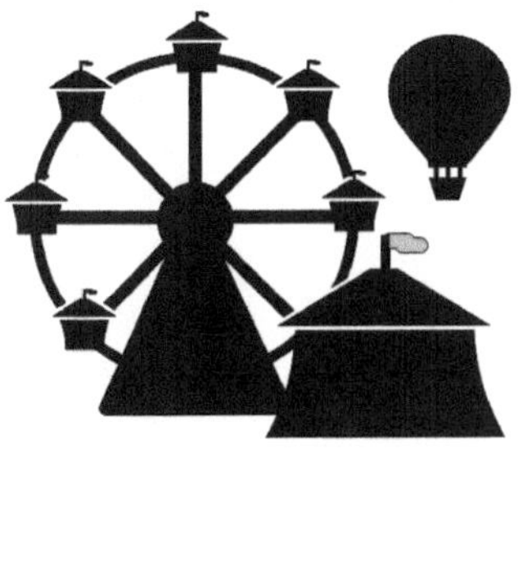

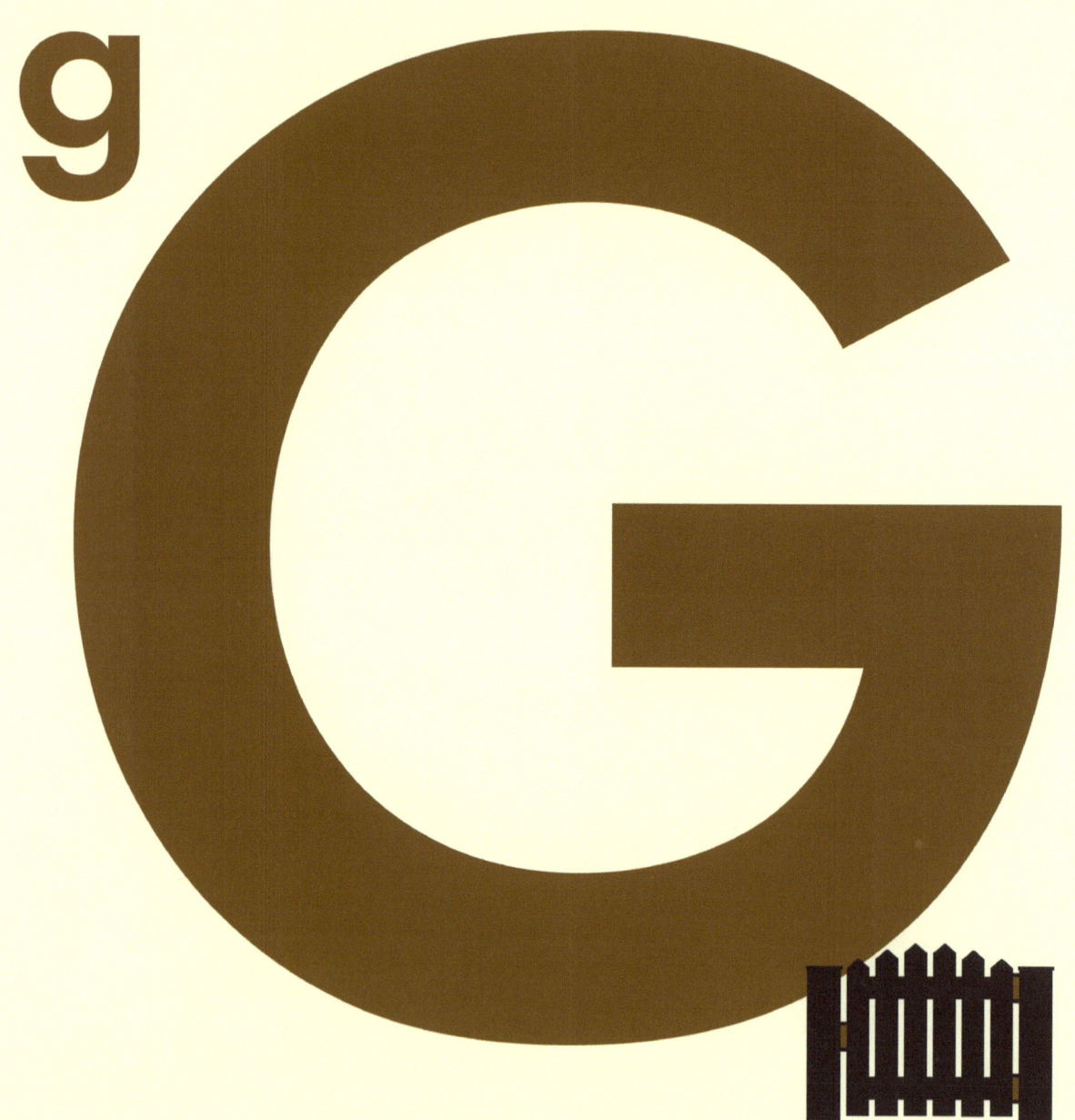

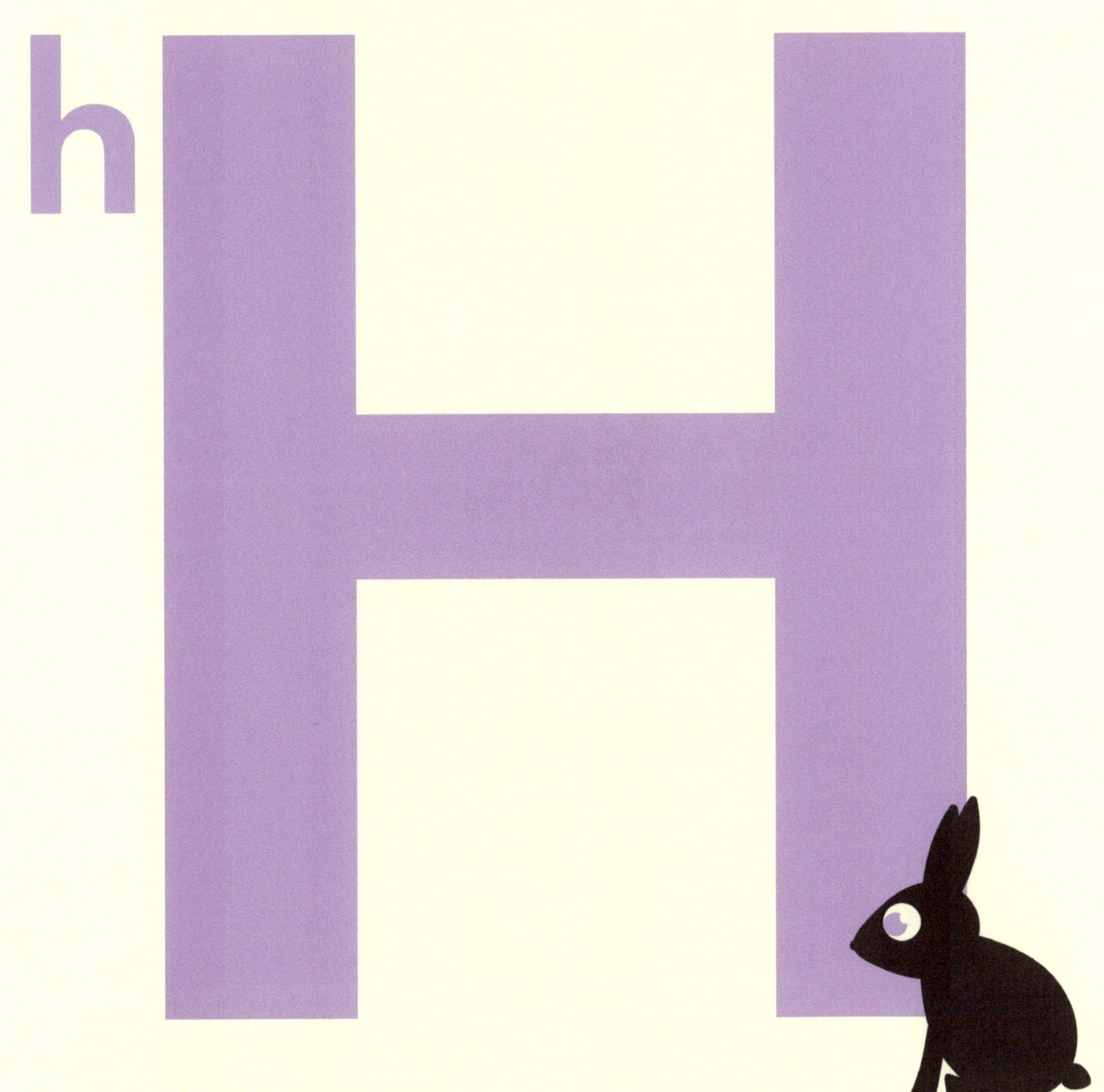

i

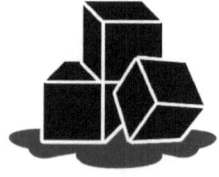

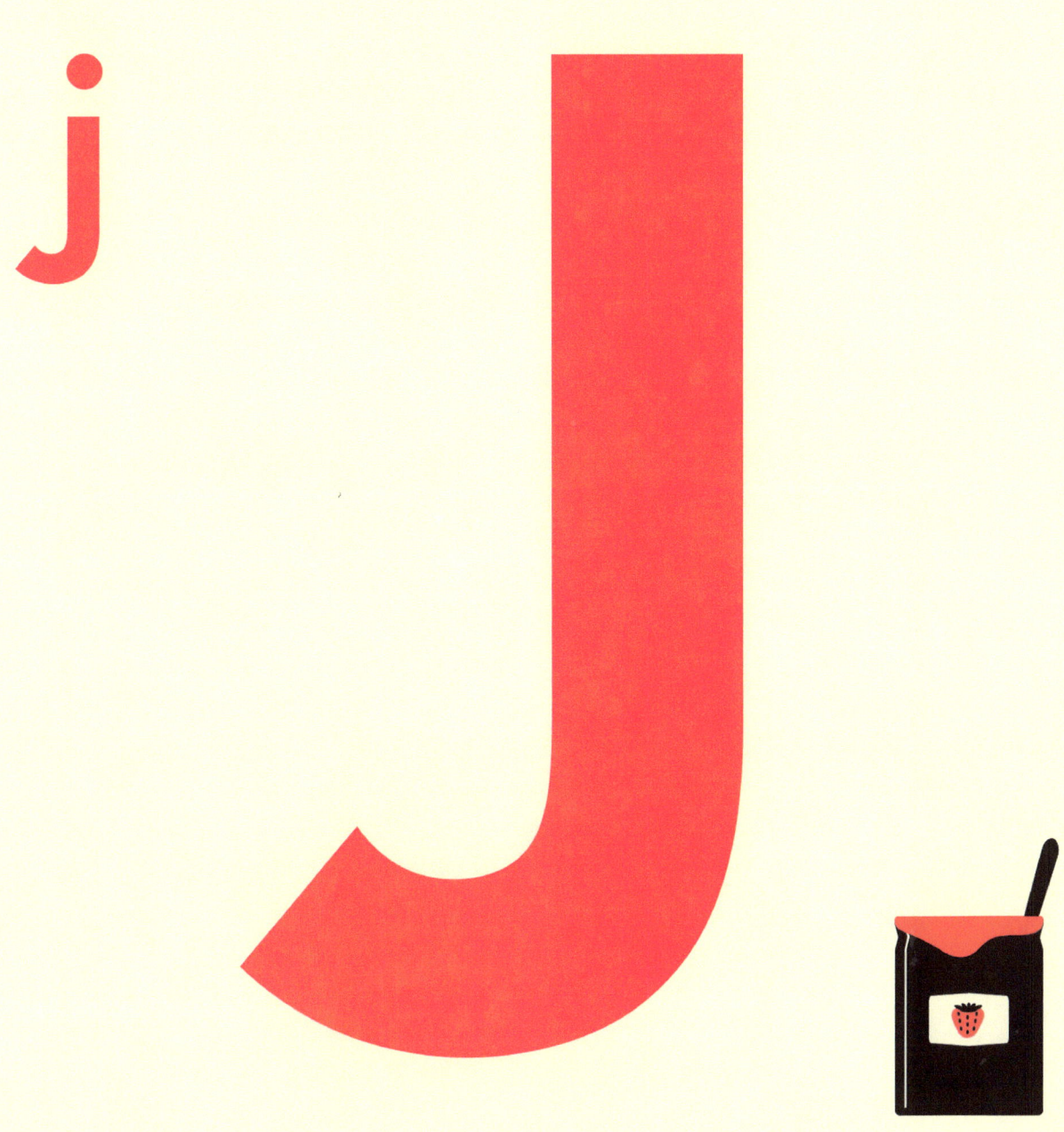

k K

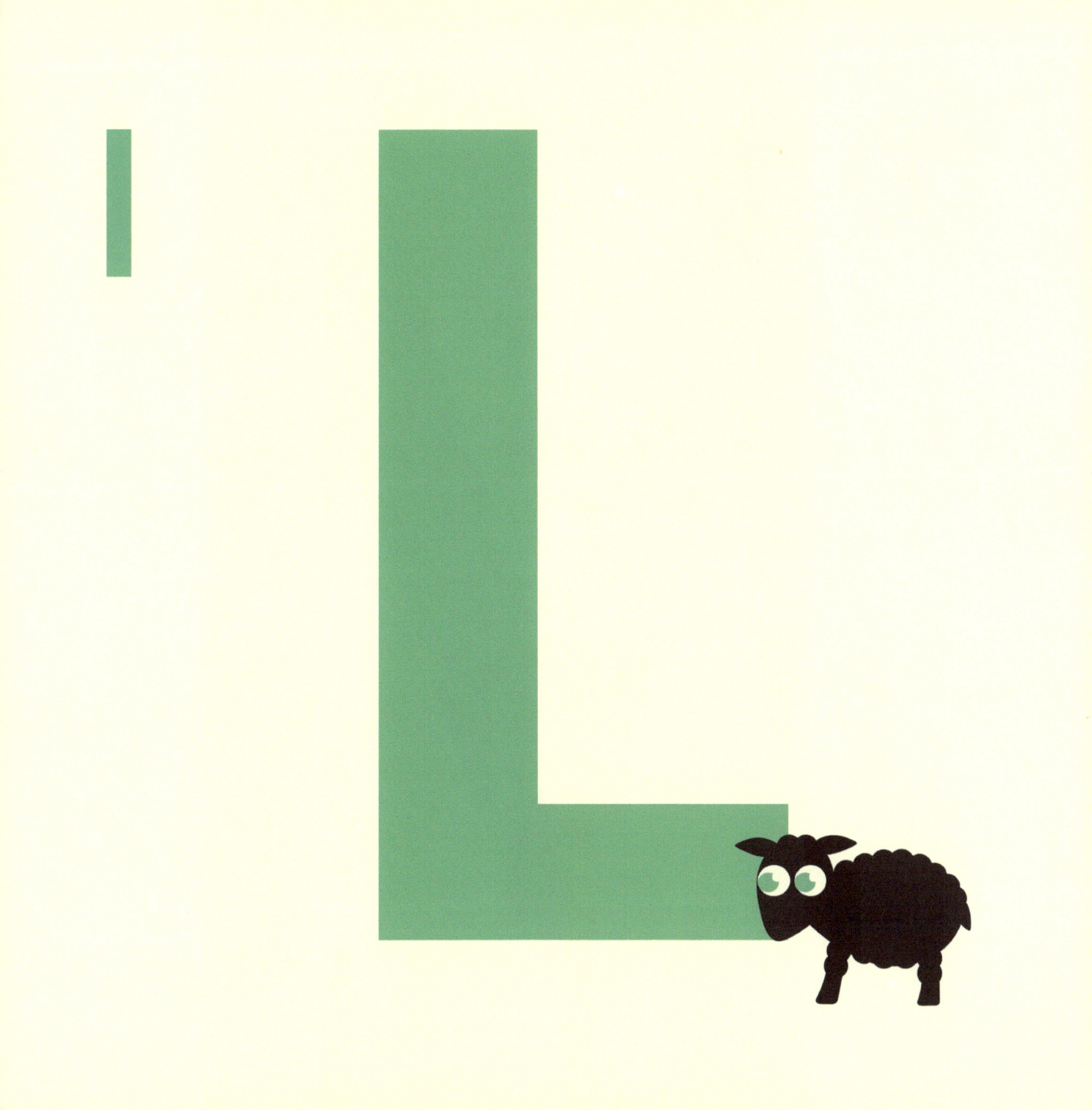

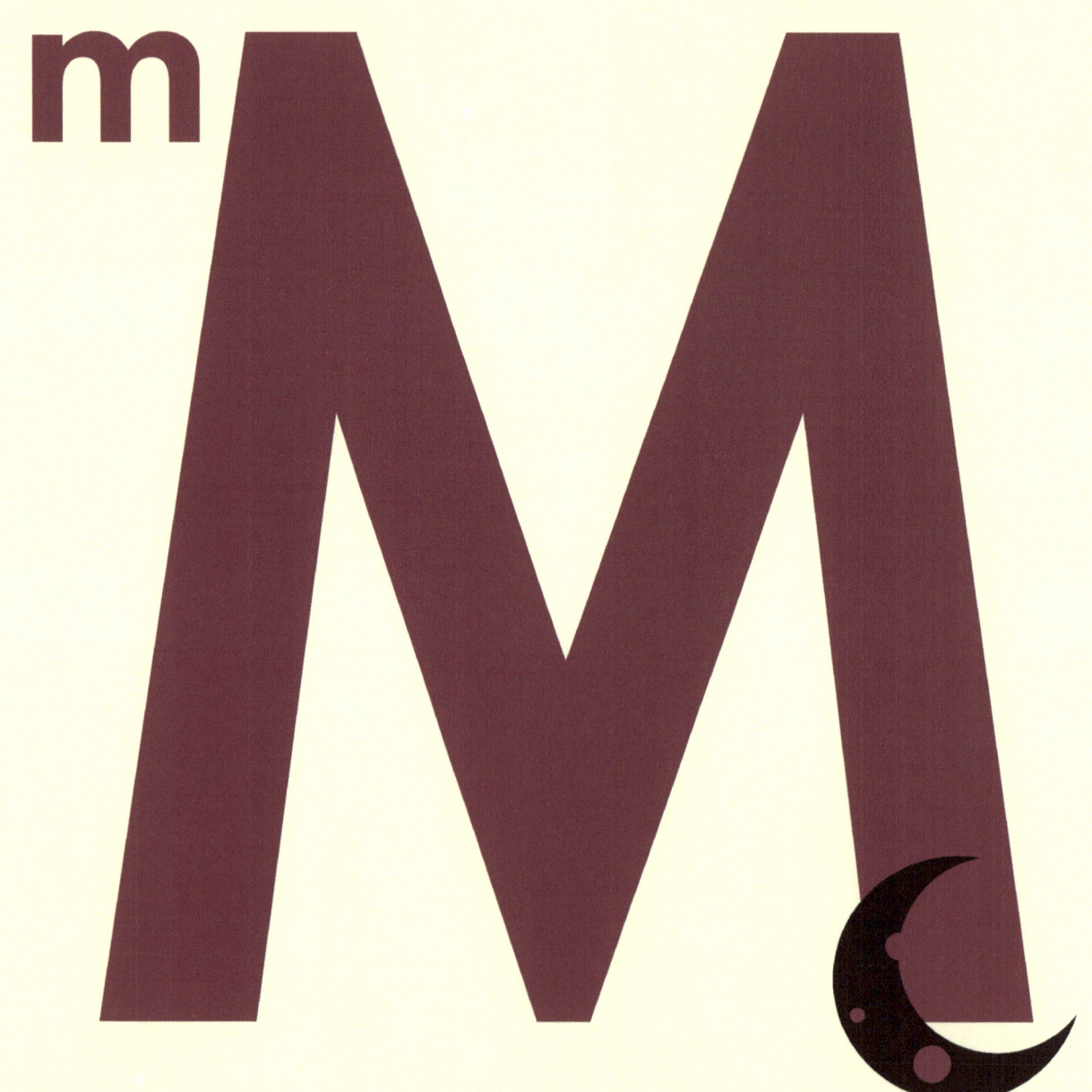

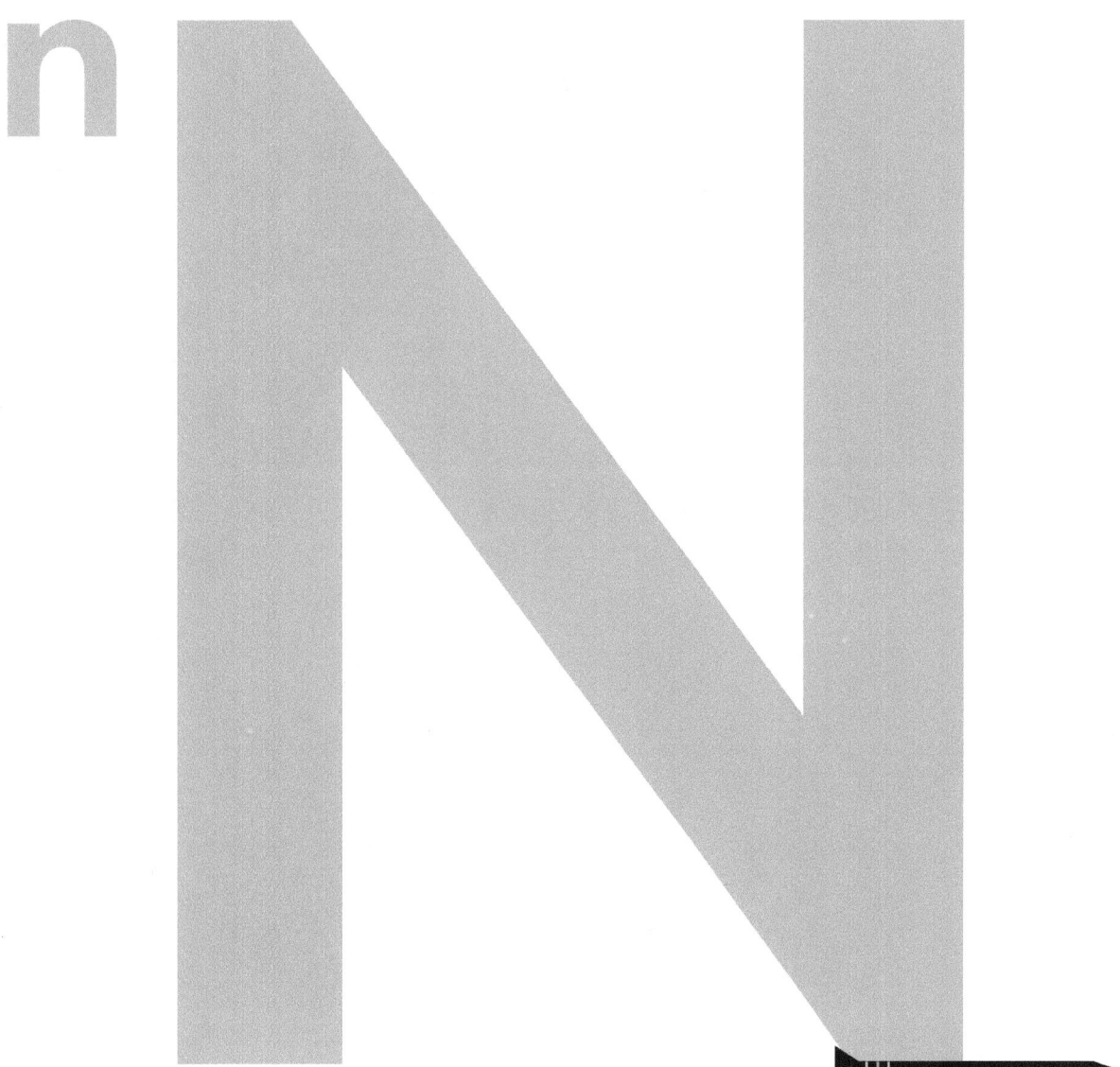

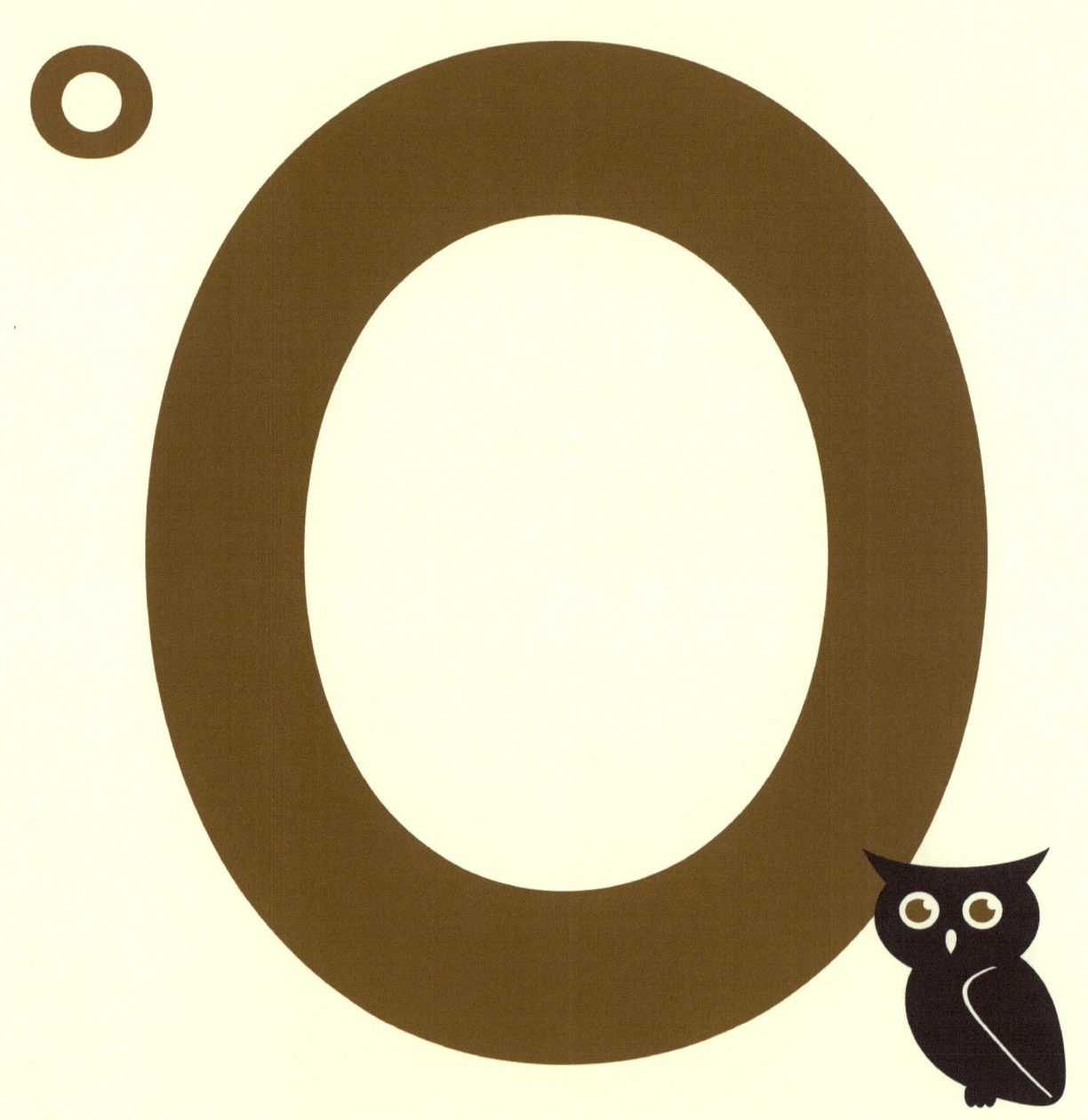

p

P

q Q

r R

s

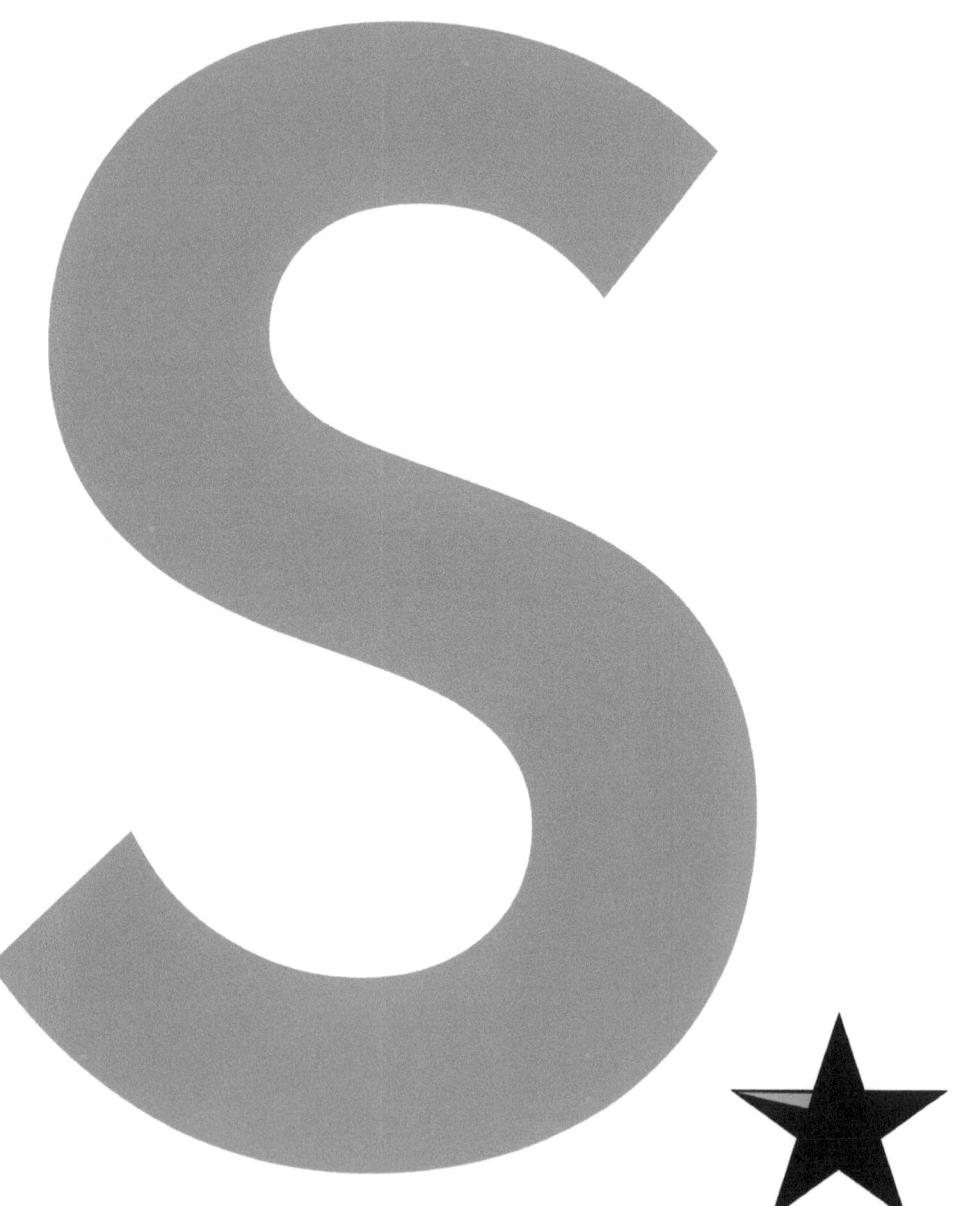

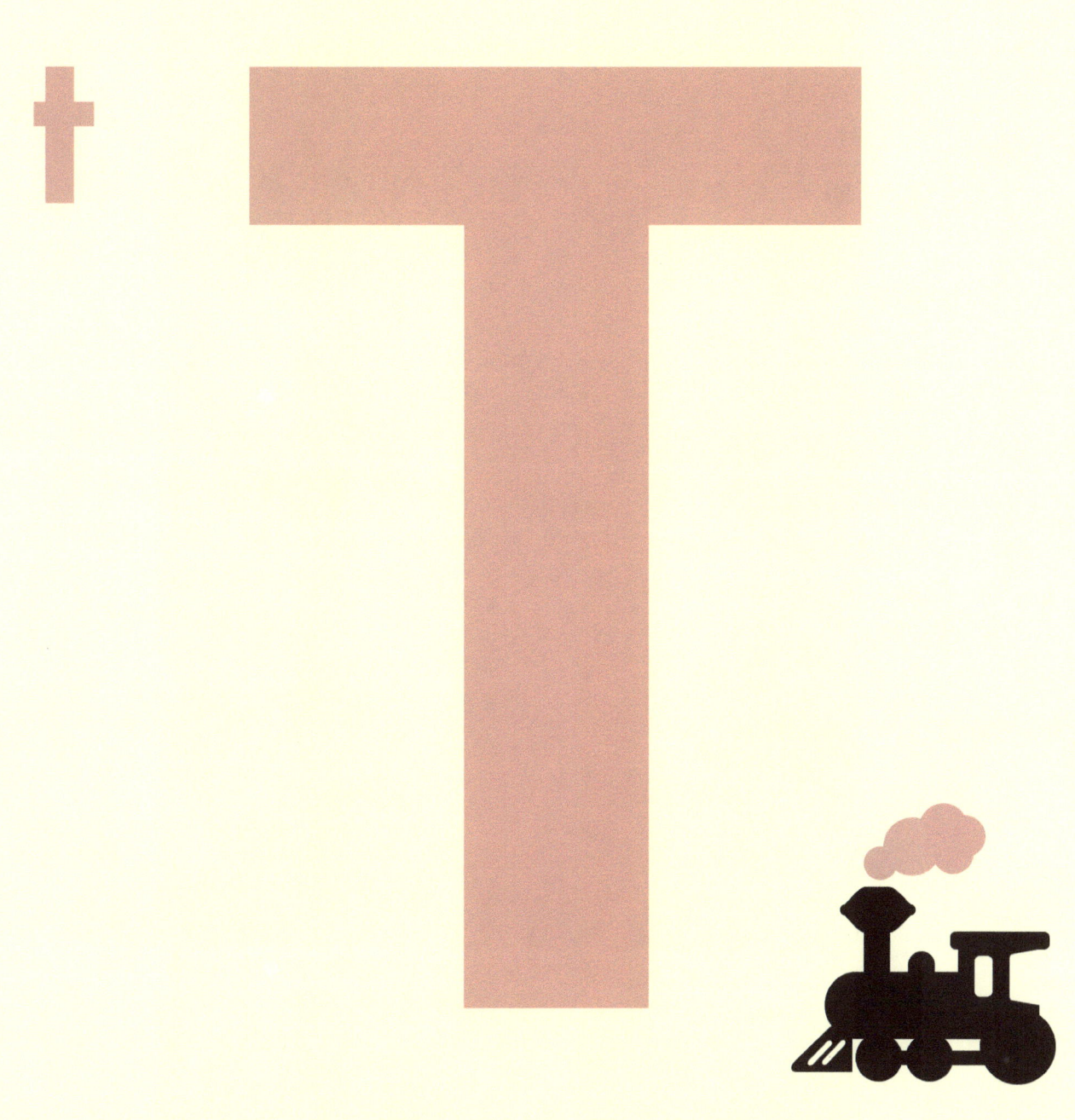

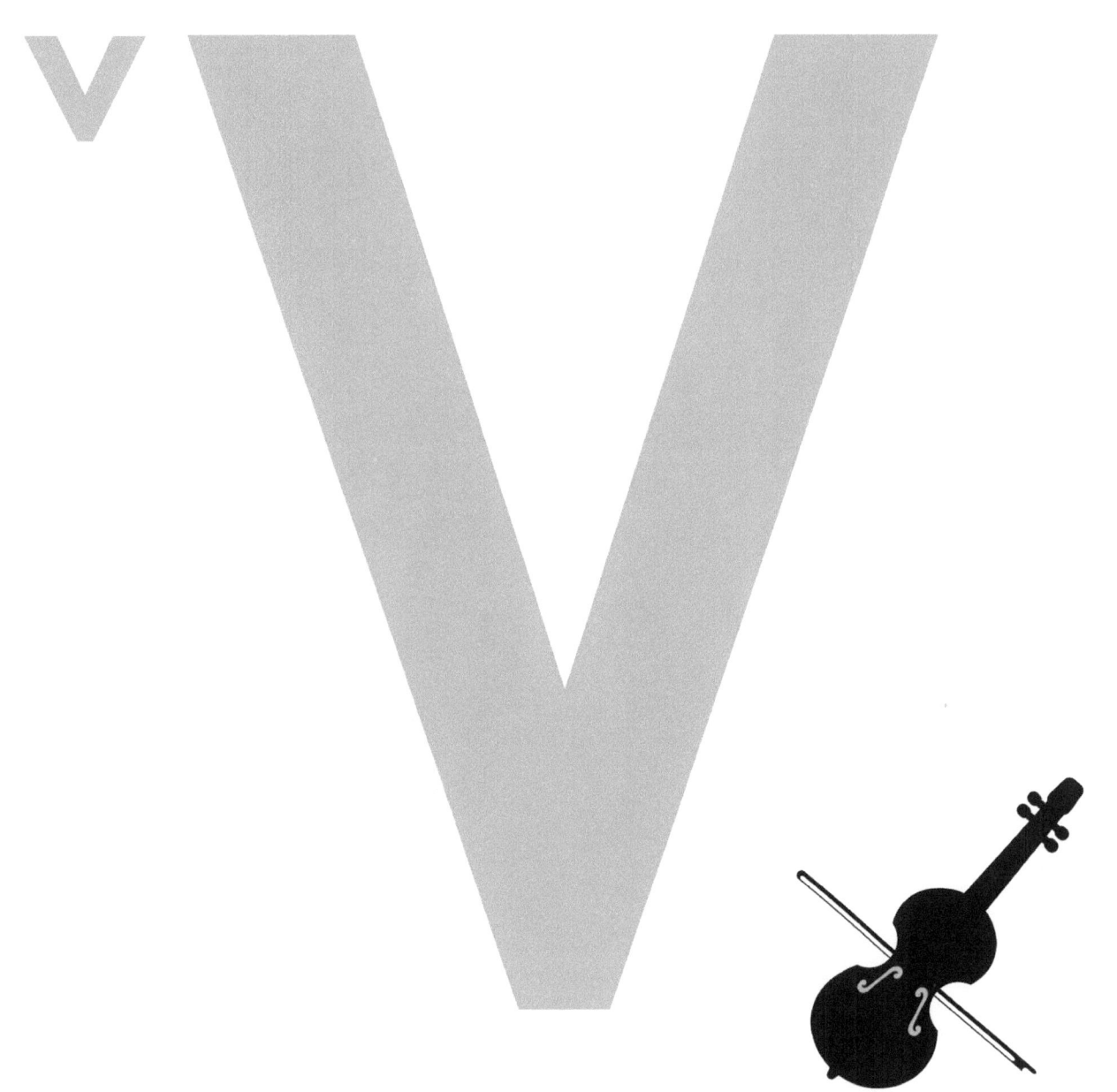

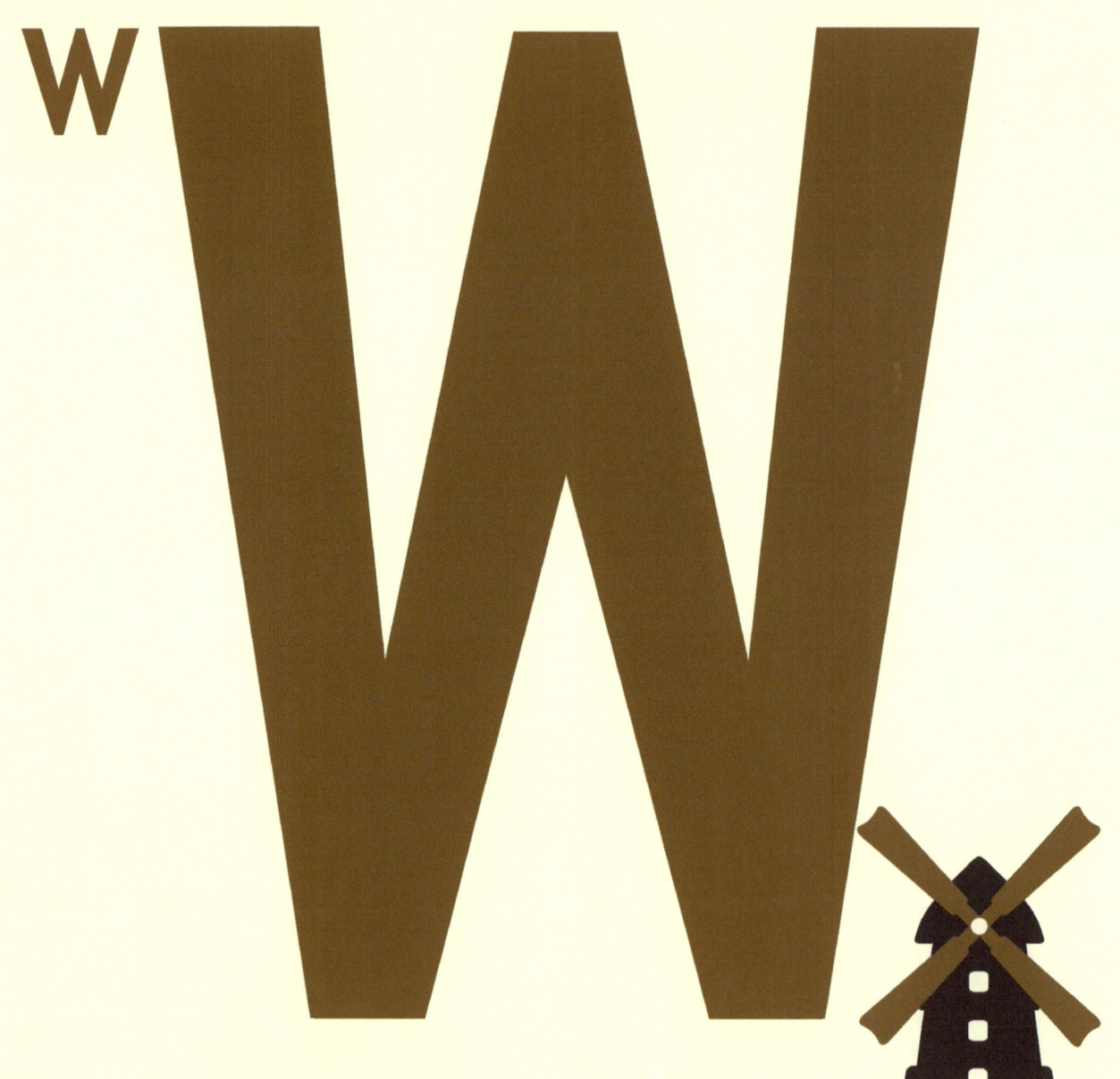

x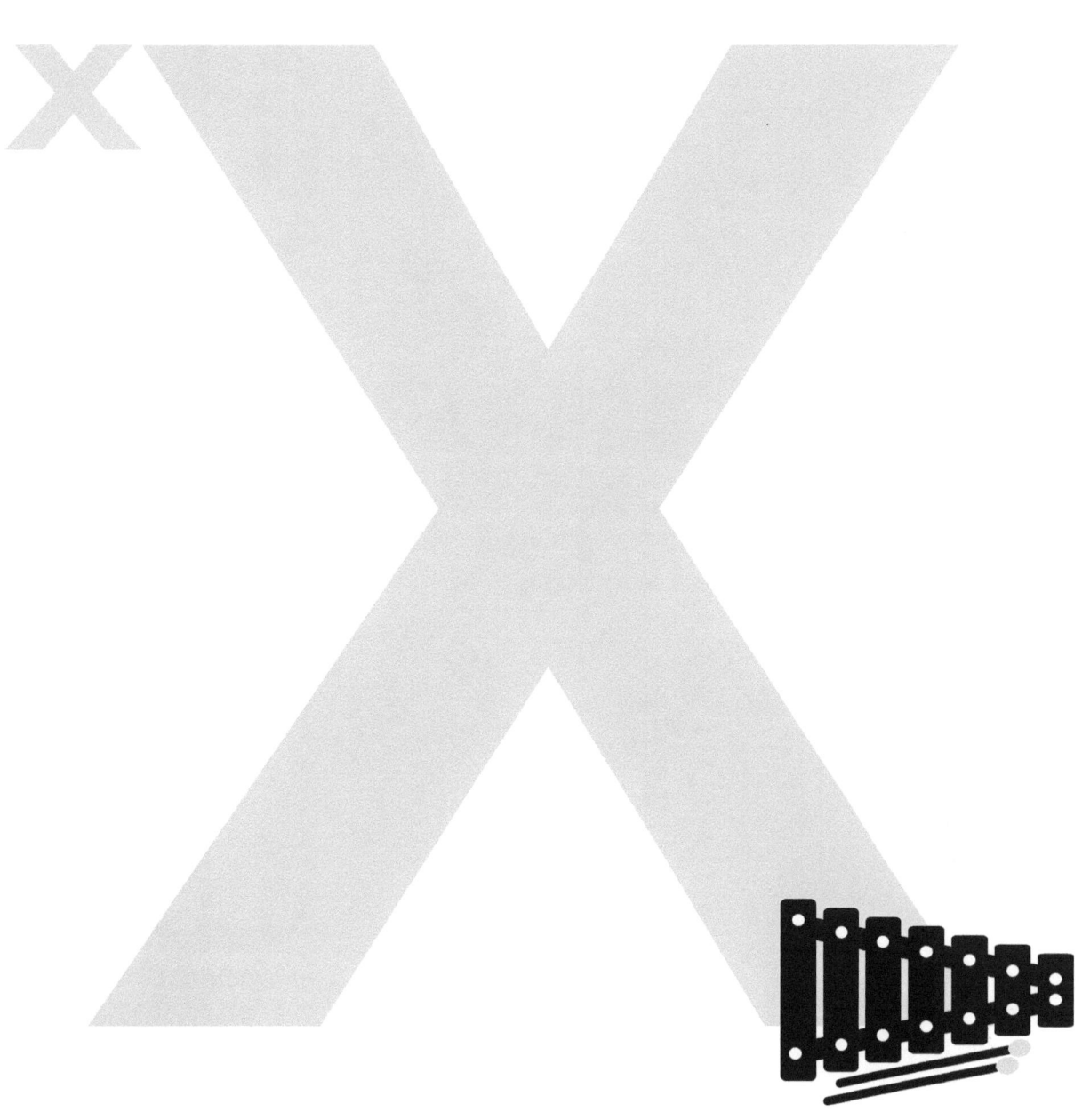

y Y

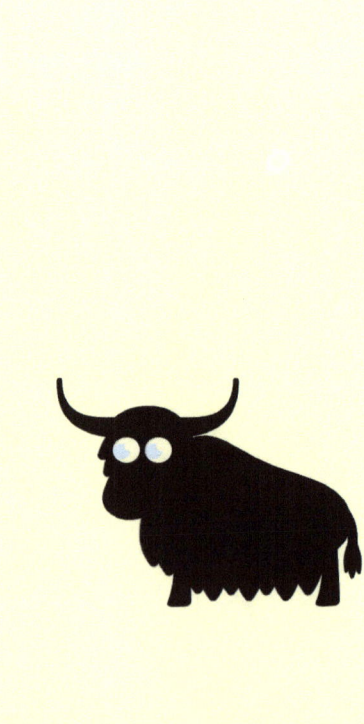

z

Z

www.ingramcontent.com/pod-product-compliance
Lightning Source LLC
Chambersburg PA
CBHW050800110526
44588CB00003B/62